AF405049

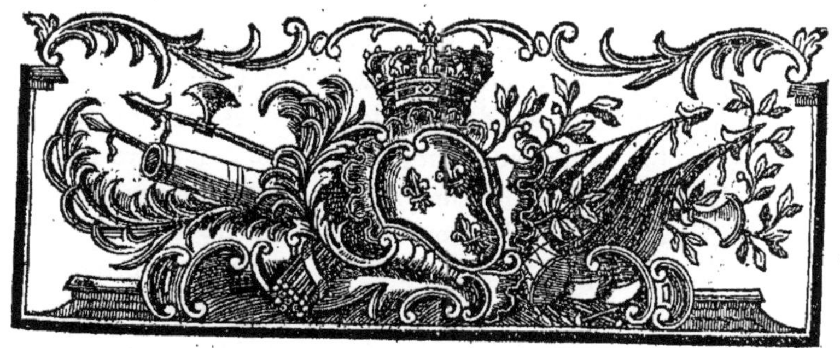

DESCRIPTION
ET USAGE
DU
PANTOGRAPHE,

NOMMÉ COMMUNÉMENT SINGE,

Confidérablement changé & perfectionné par CANIVET, *Ingénieur du Roi, & de MM. de l'Académie Royale des Sciences pour les Inftrumens de Mathématiques.*

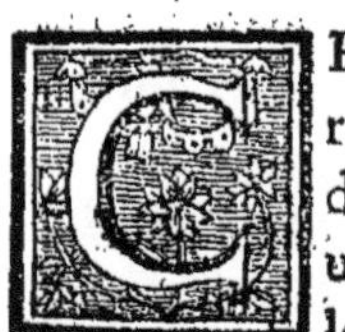 ET Inftrument eft compofé de quatre regles, deux grandes & deux petites. Les deux grandes font jointes enfemble par une de leurs extrémités par une tige qui les traverfe, portant un écrou par deffus avec lequel on leur donne plus ou moins de liberté : le bas de cette tige eft coudé & porte une roulette

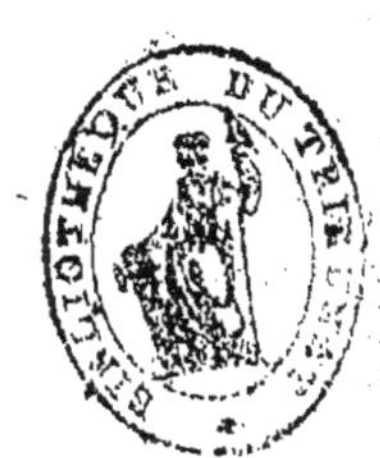

A

qui pofe fur la table ; & fe prête à tous les mouve-
mens. Les deux autres regles font attachées vers le
milieu de chacune des grandes , & elles font jointes
enfemble par l'autre bout ; enforte que ces quatre regles forment toujours un parallelograme , en quelque
façon que l'on faſſe mouvoir l'Inftrument.

Les deux grandes regles , & une des petites , portent
chacune une boëte qui fe place & s'arrête à tel endroit que l'on veut defdites regles , par le moyen d'une
vis placée au-deſſous. Ces boëtes font chacune percées
d'un trou cilindrique fur le côté , dans lequel fe pla-
cent alternativement trois chofes ; fçavoir , une pointe
à calquer , un canon dans lequel fe loge un porte-
crayon qui fe hauſſe ou fe baiſſe de lui-même , fuivant
l'inégalité du plan fur lequel on travaille , & enfin un
fupport qui fe viſſe dans la table , & dont le haut eft
en cilindre pour entrer dans une des boëtes ; c'eft ce
fupport qui fert de point fixe , & autour duquel l'Inftrument tourne quand on deſſine. Il y a deux rouſettes
ambulantes qui fervent à foutenir les regles , & à en
faciliter le mouvement. Sur les regles font des divi-
fions marquées par des chiffres , qui indiquent les en-
droits où il faut placer le bifeau des boëtes , fuivant
la réduction que l'on fe propofe.

Cet Inftrument convient , tant aux perfonnes qui def-
finent , qu'à celles qui ne fçavent que très-peu de deffein , & les mettra en état de copier promptement ,
avec grande facilité & exactitude , toutes fortes de

Deſſeins, ſoit Figures, Ornémens, Plans, Cartes Géographiques, & autres choſes ſemblables, pour réduire du grand au petit, ou du petit au grand.

Pour s'en ſervir, on attache le Singe deſſus une table par le moyen de ſon ſupport qui ſe viſſe dans ladite table. Si l'on ſouhaite copier un deſſein, enſorte que la copie ſoit de même grandeur que l'original, on fera entrer le ſupport dans la boëte D, dont on fera convenir le biſeau ſur la ligne marquée ÷ proche D. Le crayon ſera mis à la boëte B, dont le biſeau ſera placé ſur la ligne marquée B de ſa regle; la boëte A avec ſa pointe ſera miſe ſur la ligne marquée C de ſa regle. En mettant un papier blanc deſſous le crayon, & l'original deſſous la boëte A, ſi on promène la pointe deſſus tous les principaux traits de cet original, ſans qu'elle le touche, pour éviter de le gâter, le crayon formera la même choſe, & de même grandeur ſur le papier qui ſera poſé deſſous. Si l'on vouloit que le Deſſein que l'on ſe propoſe de copier, fût réduit à la moitié, ſans changer la poſition des boëtes, on placera le ſupport à la boëte B, & le crayon à la boëte D; & en faiſant comme ci-deſſus, la copie ſera de moitié plus petite que l'original.

Si on veut que la copie ſoit 3, 4, 5, 6, 7 & 8 fois plus petite que l'original, c'eſt-à-dire, que la copie ſoit à l'original comme 1 à 3, à 4, à 5, &c. juſqu'à 8, on mettra la boëte A avec ſa pointe ſur la ligne marquée C de ſa regle, & l'on fera convenir la boëte B & ſon ſup-

A ij

port fur la ligne de la diminution que l'on fe propofe. Si l'on veut, par exemple, que la copie des deux tiers plus petite que l'original, ou, ce qui eft la même chofe, fi l'original ayant 12 pouces de haut, on veut que la copie en ait 4, on fera convenir la boëte B avec fon fupport fur la ligne marquée 3 du côté de B, & la boëte D avec fon crayon fur la ligne marquée 3 du côté de D; alors la copie fera des deux tiers plus petite que l'original, ainfi qu'on le peut voir dans la deuxiéme figure; on fera la même chofe pour réduire jufqu'au huitiéme, en obfervant de faire convenir le bifeau des deux boëtes aux lignes marquées par les chiffres qui défignent la réduction, la boëte A avec fa pointe reftant toujours fur la ligne C.

Si on vouloit que la copie fût plus grande que l'original, par exemple, d'un huitiéme, c'eft-à-dire, fi l'original ayant 8 pouces de haut, on vouloit que la copie en eût 9, il faudroit placer le fupport à la boëte D, & mettre le crayon à la boëte A, qui fera placée fur la ligne marquée C, & les boëtes B & D feront mifes chacune fur la fraction que l'on fe propofe : par exemple, fi c'eft d'un huitiéme, la boëte B avec fa pointe fera mife fur la ligne marquée $\frac{1}{8}$, & la boëte D fera mife auffi avec fon fupport fur la ligne marquée $\frac{1}{8}$, & alors la copie fera d'un huitiéme plus grande que l'original; on fera la même chofe pour les autres réductions, fuivant les lignes marquées par leurs fractions, la boëte A reftant toujours fur la ligne C.

On voit par ce qui vient d'être dit dans l'exemple pré-
cédent, que si l'on vouloit que la copie fût plus petite
que l'original, on n'auroit, suivant l'observation faite
en parlant de la réduction à moitié, qu'à transposer
le crayon & la pointe, mettant l'un à la place de l'autre, sans toucher aux boëtes, & qu'alors la copie sera
plus petite, suivant la fraction où les deux boëtes au-
ront été posées.

La figure 1re représente le Singe, vu géométrale-
ment avec toutes ses divisions. La figure 2me représente
le même Singe, vu sur une table en perspective, dans
la position où il doit être pour s'en servir. Les boëtes
A, B & D sont placées pour réduire l'original au tiers
de sa grandeur, ou comme un est à trois ; ce qui est la
même chose, comme la figure le fait voir. Le support
I, qui se visse dans la table, est posé à la boëte B ; ce
support est fixe, mais on peut lui en substituer un mobile, qu'on décrira à la fin de cette Instruction.

Au-dessus de la figure 2me on a représenté séparé-
ment les diverses pieces qui s'appliquent aux regles.
Les figures A & B représentent les deux boëtes. La
figure E est le calquoir qui se loge dans la petite virole N. Cette virole porte une petite queue O, qui sert
à fixer le calquoir quand on le place à l'une des boëtes,
en faisant passer cette queue sous le ressort qui est au-
dessus de la boëte. La vis qui entre dans la virole N, sert
pour arrêter le calquoir à la hauter que l'on veut.

La figure F est le canon du porte-crayon, qui est aussi

garni de fa petite queue. La figure G eft le porte-crayon qui doit entrer dans le canon F : il eft garni d'un petit cordonet de foie, qui fert à lever le crayon, pour l'empêcher de toucher le papier , lorfqu'il eft néceffaire de paffer d'un endroit à l'autre, & afin que ce fil foit toujours deffous la main, fi, par exemple, on pofe le crayon à la boëte B , on fera paffer le cordonet dans le trou d'une petite piéce tournante qui eft au-deffus de la jonction S des deux grandes regles , comme on le voit, & qui eft repréfentée féparément à la lettre Q : de-là le cordonet va paffer dans un trou qui eft au haut du calquoir, & enfuite dans une petite fente qui eft au bout de la regle. Mais fi l'on plaçoit le porte-crayon à la boëte D, ainfi qu'il eft repréfenté dans la figure 2me, on feroit paffer d'abord le cordonet dans le petit trou qui eft au-deffus de l'écrou Z , qui joint la regle D à la regle B , & de-là à la jonction S des deux grandes regles, d'où on le conduit, comme ci-deffus , dans la fente qui eft à l'extrémité de la regle qui porte le calquoir.

Le cordonet eft repréfenté dans la figure 2me , & montre que fa longueur demeure toujours la même dans les différentes difpofitions des boëtes, parce qu'il fuit toujours la direction des regles.

Le godet H qui eft au-deffus du porte-crayon G, fe viffe dans fa partie fupérieure : il fert à rendre le porte-crayon plus pefant , & à le faire appuyer davantage fur le papier lorfqu'il en eft befoin , & cela en le rempliffant de quelque poids , comme feroient de petites bales de plomb.

La roulette L, qui a double chape , *x* & *y* , fe place à la regle B par fa chape inférieure *x* , quand on pofe le porte-crayon à la boëte B. Si on le pofe à la boëte D, on y place auffi à la regle , la même roulette L , mais par fa chape fupérieure *y*.

Dans la defcription précédente nous avons parlé du fupport fixe & viffé dans la table , ainfi qu'il eft repréfenté dans la figure 2me. Mais comme ce fupport ne peut copier que des fujets de moyenne grandeur , j'ai imaginé un autre fupport que je nomme ambulant; il eft repréfenté à la figure P. C'eft une plaque de plomb affez pefante , pour qu'elle ne puiffe être dérangée par le mouvement de l'Inftrument. Dans fon milieu eft viffée une tige K , femblable à la tige I du fupport fixe. La figure R eft une petite rondelle qui fert également pour les deux fupports ; elle s'enfile à la tige I ou K , quand on place le fupport à la boëte D. Mais on ôte cette rondelle quand on place le fupport à la boëte B, parce que celle-ci eft moins éloignée du plan de la table. Je donne encore plufieurs rondelles de différentes hauteurs , qui s'enfilent dans ces mêmes fupports K & I. Ce fera à la prudence de celui qui travaille de placer les rondelles qui conviendront, pour que l'Inftrument foit le plus libre qu'il fera poffible.

Avec ce fupport ambulant on peut copier un Tableau ou Deffein de quelque grandeur qu'il foit ; car après avoir arrêté le Tableau fur une table , ou fur un plan quelconque, on poſera le ſupport ambulant de façon que l'on puiſſe copier une partie du Tableau ; & quand on aura copié de ce Tableau ce que l'Inſtrument en pourra embraſſer , enſuite on avancera le ſupport vers le Tableau : mais auparavant on marquera trois points ſur le Tableau , & autant ſur la copie , qui ſerviront de repairs pour retrouver la poſition du ſupport & de la copie , par rapport à ce qui a déja été fait ſur le Tableau. Quand on aura trouvé la correſpondance des trois points , on arrêtera la copie dans cette ſituation avec un peu de cire molle , & on continuera de copier tout ce que le Singe en pourra encore embraſſer. On fera toujours la même opération, juſqu'à ce que le Tableau ſoit entierement copié.

On voit par-là l'utilité de ce ſupport ou point d'appui , puiſque ſi l'original eſt bien grand, quand ce viendra à la fin , la copie & le point d'appui ou ſupport ſe trouveront ſur le Tableau ; ce qui n'eſt point un inconvénient , puiſqu'ils ne l'endommageront pas. On évite encore , par le moyen de ce ſupport ambulant , la longueur des branches du Singe , qui n'ont que deux pieds & demi ou environ. Une plus grande longueur les rendroit moins juſtes , parce qu'alors il ſeroit impoſſible d'éviter la flexibilité des regles.

Nota. Comme il arrive ſouvent que la grandeur de la copie que l'on veut faire , n'eſt pas une partie aliquote de l'original , & qu'en ce cas les diviſions marquées

quées sur les regles deviennent inutiles, il faut alors
chercher un moyen de s'en passer, & de placer le
crayon, la pointe & le support dans une position qui
donne le rapport que l'on demande entre l'original &
la copie.

Il faut observer d'abord que le principe fondamental
duquel dépend toute la justesse de l'opération du Singe, est que le support, le crayon & le calquoir ou la
pointe, soient toujours en ligne droite : lorsqu'ils y se-
ront, la copie représentera toujours fidélement l'original. Voici par quelle pratique on s'assurera que ces
trois points sont dans une même ligne droite.

On prendra un fil double, duquel les deux brins
embrasseront la tige du support, & y demeureront arrê-
tés, comme on le voit aux petites figures 1. 2. & 3.

On conduira ces deux mêmes fils au porte-crayon,
& de-là au calquoir, mais de façon que la tige du crayon
& celle du calquoir passent entre les deux fils. On arrêtera les deux fils, en les tenant fixes avec la main, à la
tige du calquoir marqué 3 ; & alors, si les trois points
ne sont pas en ligne droite, ce sera la piéce qui sera à
la boëte D, qui est marquée dans la figure par le chif-
fre 2, qui fera faire coude à ce fil. Il faudra donc faire
couler cette boëte de côté ou d'autre, jusqu'à ce que
ces fils soient exactement droits & paralleles. Alors ces
deux fils toucheront ces trois cylindres, comme on le
voit aux petites figures 1. 2. & 3.

En observant ce principe pour la position des trois

B

boëtes qui portent le support, le porte-crayon & le calquoir : si, par exemple, on donnoit un Tableau ou Deſſein quelconque à réduire ſur une grandeur, & que cette grandeur ne fût ni le tiers, ni le quart, ni le cinquiéme, &c. de l'original, voici comme on opérera.

On examinera d'abord ſi cette grandeur donnée eſt plus petite ou plus grande que la moitié de l'original.

Si elle eſt plus petite, dans ce cas on placera toujours le support à la boëte B, le crayon à la boëte D, & le calquoir reſtera toujours à la boëte A; & on fera convenir le support, le porte-crayon & le calquoir en ligne droite, ſuivant la méthode expliquée ci-deſſus : après quoi on fera parcourir la pointe à calquer A ſur toute la longueur ou largeur de l'original, & cela en ligne droite; & on examinera ſi le chemin parcouru par le porte-crayon, s'accorde avec la grandeur donnée.

Si cela n'eſt pas, & que cette grandeur parcourue par le crayon, ſoit plus petite que la grandeur donnée, en ce cas on approchera la boëte B vers la ligne B de ſa regle, & la boëte D vers D de ſa regle.

Si, au contraire, cette grandeur parcourue par le crayon, eſt plus grande que la grandeur donnée, on approchera les deux boëtes B & D vers la jonction Z des regles B & D; &, en tâtonnant, on parviendra à trouver la grandeur donnée.

On voit que par cette méthode on peut copier un Deſſein ſur quelque grandeur que l'on voudra, ſans avoir égard aux diviſions qui ſont ſur les regles.

Si la grandeur donnée est plus grande que la moitié de l'original, pourlors on placera toujours le support à la boëte D, & le crayon à la boëte B.

Si le Tableau que l'on veut réduire est trop grand, & que l'Instrument ne puisse l'embrasser, on peut prendre le tiers, le quart, &c. de cet original, en prenant aussi le tiers, le quart, &c. de la grandeur donnée ; & faisant comme ci-dessus, on parviendra à une opération exacte pour la réduction.

Le Sieur Langlois présenta cet Instrument à l'Académie Royale des Sciences, qui lui en donna l'approbation, suivante.

Extrait des Registres de l'Académie Royale des Sciences du vingtiéme Décembre 1743.

Messieurs Nicole & de Montigny ayant examiné, par ordre de l'Académie, un Pantographe changé & perfectionné par le Sieur Langlois, Ingénieur du Roi & de l'Académie des Sciences pour les Instrumens de Mathématiques, & en ayant fait leur rapport, l'Académie a jugé que les changemens & corrections du Sieur Langlois étoient utiles, & rendoient cet Instrument aussi commode qu'il peut l'être, pour copier & réduire en grand ou en petit toutes sortes de Figures, Plans, Cartes, Ornemens, &c. avec beaucoup de précision & de promptitude : en foi de quoi j'ai signé le présent Certificat. A Paris, ce vingt-deuxiéme Dé-

B ij

cembre 1743. *Signé*, DORTOUS DE MAIRAN, Secrétaire perpétuel de l'Académie Royale des Sciences.

LISTE DES INSTRUMENS
qui *se* vendent chez CANIVET, Neveu & Eleve du Sieur Langlois, demeurant Quai de l'Horloge du Palais, au coin de la rue du Harlai, à la Sphere.

SAVOIR, grands quarts de cercle pour l'Astronomie.

Petits quarts de cercle pour lever des Plans.

Instrumens pour observer les passages des Astres ; nommés instrumens des passages.

Cercles & demi cercles à lunettes & à pinules divisés par degrés & par minutes, suivant la méthode de Nonnius, qui est la plus commode.

Planchettes avec leur Alidade à pinule, ou à Lunette mobile pour pouvoir plonger dans les bas, ou élever pour voir le sommet des montagnes, la planchette restant toujours horizontale.

Equerre d'Arpenteur divisée ou non divisée.

Compas de proportion depuis trois pouces de long jusqu'à un pied.

Toise brisée & non brisée.

Piquets & Chaînes de toutes longueurs.

Pieds & Mesures antiques & étrangeres.

Toutes sortes de Cadrans au Soleil.

Cadrans universels & portatifs, avec leur Boussole.

Cadrans équinoxiaux.

Anneaux astronomiques.

Cadrans à mettre dans les jardins & sur les fenê-
tres.

Toutes sortes de Boussoles.

Niveaux d'eau ; Niveaux à bule d'air.

Niveaux cilindriques à deux Lunettes tournantes
qui le vérifie par le renversement.

Pied de Roi qui fait l'équerre, la regle & le niveau.

Toutes sortes de Compas.

Compas qui changent de pointes.

Compas de division.

Compas à quart de cercle.

Compas à pointe tranchante.

Compas à pointe courbe.

Compas de réduction simple.

Compas de réduction avec le centre mobile.

Compas d'épaisseur par les deux bouts.

Compas à trois branches.

Compas à verge, avec les échelles nécessaires pour
tous les grands Cadrans par le calcul.

Compas à faire des ovales.

Compas à ressort.

Compas pour les Cartes Géographiques.

Compas dans les porte-crayons fimples & fervant de Compas de proportion.

Compas courbe, & Regle divifée pour l'Artillerie.

Quart de cercle brifé & non brifé, pour pointer les mortiers & canons.

Porte-crayons & tirelignes de toutes fortes de façons.

Plumes fans fin, & plumes de métail à écrire.

Cornets à encre pour la poche.

Porte - aiguilles à piquer les plans, & Pointes à calquer.

Equerre brifée & non brifée.

Equerre de bois & d'ébéne.

Toutes fortes de Regles de laiton, de bois & d'é- béne, divifées & non divifées.

Regles paralleles.

Rapporteurs avec alidade & fans alidade.

Rapporteurs de corne.

Genoux pour placer les Lunettes d'approche.

Pinces pour tenir le papier.

Encre de la Chine; Pierres d'aiman armées & non armées, &c

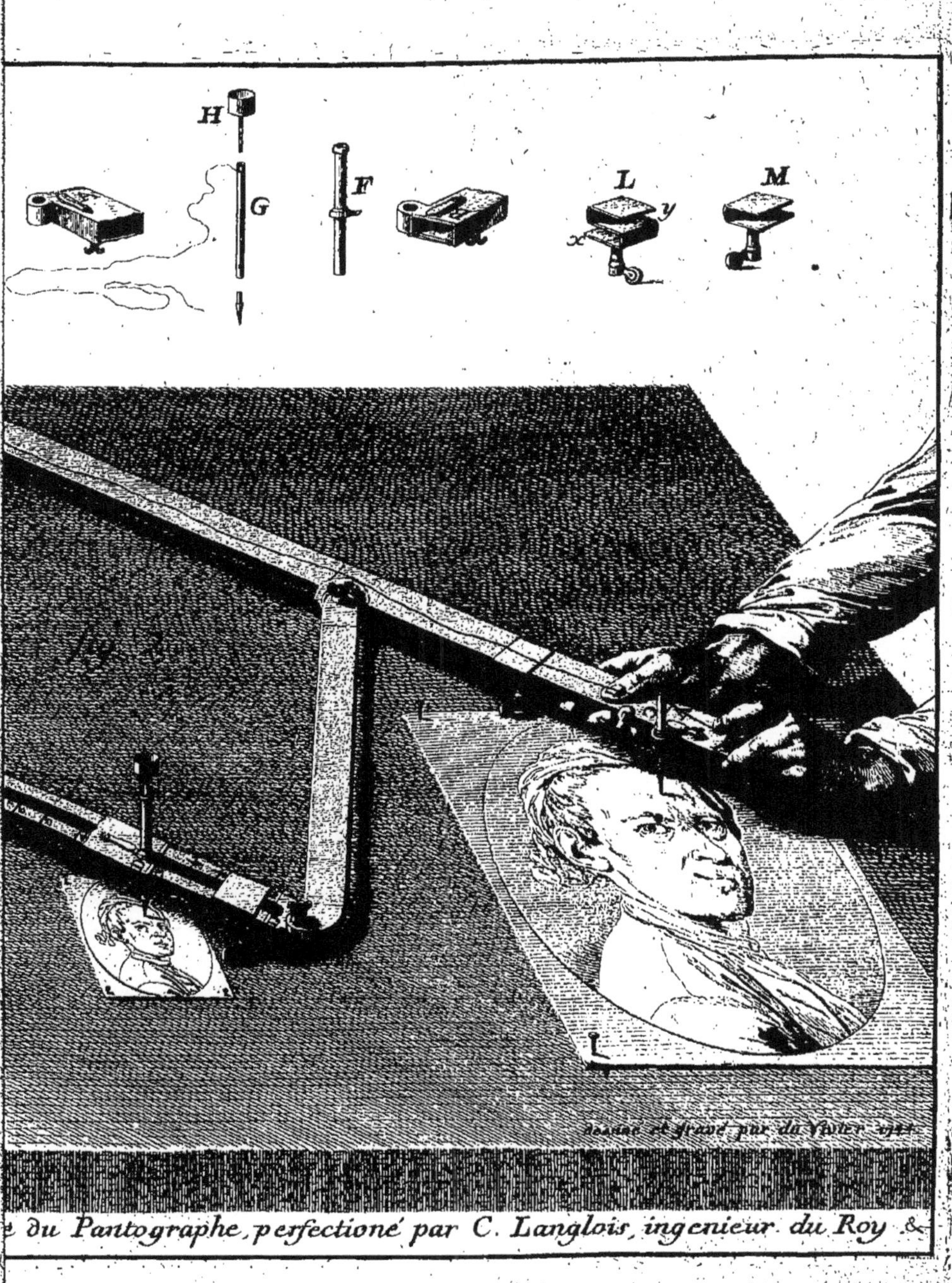

e du Pantographe, perfectioné par C. Langlois, ingenieur du Roy &c.

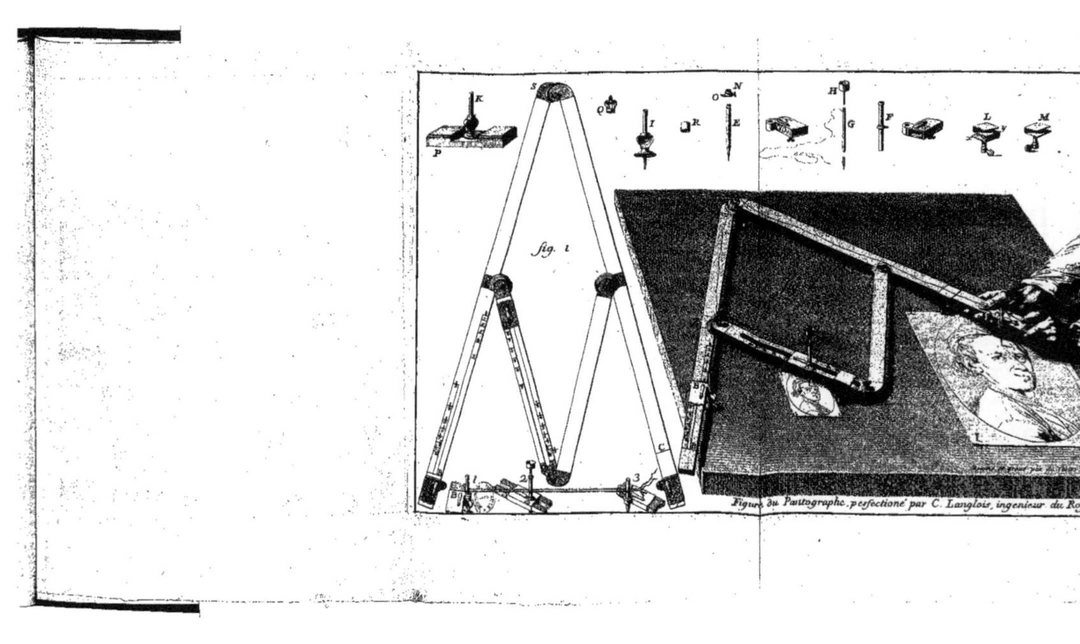

Figure du Pantographe, perfectioné par C. Langlois, ingenieur du Roy